2CV

2CV

Idée et projet éditorial / *Idea, editorial project and coordination:* LiberLab Servizi Editoriali - Savigliano (CN)

Textes et recherche d'images / *Texts and pictures research:* Stefania Vairelli, Donato Nappo

Traduction en français / *Translation into French :* Sophie Montigny pour Textcase

Traduction en anglais / *Translation into English :* Star srl - Alessandria; Anna Carruthers

Crédit photographique / *Photographic contributions :* La majeure partie des photographies de ce livre ont été prises par les archives Citroën Communication, Citroën Italia et Centro Documentazione Storica Citroën (Monte San Savino - AR), la collection de Edwin Storm (www.storm.oldcarmanualproject.com), le Club Citroën 2CV et Derivate (Bainette - CN). Pour les autres photos, voir les références photographique. *The pictures featured in this book belong to the Citroën Communication archive, to the Citroën Italia archive, to Centro Documentazione Storica Citroën (Monte San Savino - AR), to the Collection of Edwin Storm, featured in the website www.storm.oldcarmanualproject.com, and to the Citroën 2CV and Spin-offs club (Beinette - CN, Italy). See photo credits.*

Édition français-anglais / *French-English edition :*
© 2010 Tectum Publishers
Godefriduskaai 22
2000 Antwerp
Belgium
info@tectum.be
+ 32 3 226 66 73
www.tectum.be

ISBN: 978-90-79761-60-9
WD: 2010/9021/34(123)
(92)

Édition originale / *Original edition:*
© 2009 Edizioni Gribaudo srl
Via Natale Battaglia, 12
12027 Milano
e-mail: info@gribaudo.it
www.edizionigribaudo.it

Imprimé en / *Printed in:* Indonesia

STEFANIA VAIRELLI, DONATO NAPPO

2CV

TECTUM
PUBLISHERS

AVANT-PROPOS
FOREWORD

Selon Flaminio Bertoni, designer chez Citroën des années 1930 aux années 1960, les automobiles devaient « définir des tendances et non pas les suivre ». La 2CV résume à la perfection et sans doute possible ce phénomène. Avec plus de 5 millions de véhicules produits entre 1948 et 1991, la 2CV couvre la période qui s'étend de la Seconde Guerre mondiale à la chute du mur de Berlin, restant fidèle à sa mission. L'aspect dépouillé des premiers prototypes en 1936, associé à une forme ovoïde incurvée, fit de la 2CV un mélange profond de design et de technologie concentré sur un domaine précis, mais intemporel et unique dans l'industrie automobile. La 2CV était l'automobile de premier choix des jeunes riches et pauvres, des snobs et intellectuels, des types traditionnels et révolutionnaires, incarnant ainsi un mode de vie et une institution.

La 2CV conserve la même verve effrontée qui en fait aujourd'hui la voiture au plus grand nombre de tours du monde à son actif, et rassemble aujourd'hui des milliers de passionnés. Pas mal pour cet immortel 'mélange de Pégase et de moulin à légumes'.

Walter Brugnotti
Ancien PR et directeur de presse pour Citroën Italie

Flaminio Bertoni, designer at Citroën from the Thirties to the Sixties, reckoned that cars had to "set trends, not follow them".
There is no doubt that the 2CV perfectly encapsulates this phenomenon. With over 5 million cars produced between 1948 and 1991, the 2CV spanned an era that goes from the Second World War to the fall of the Berlin wall, remaining true to its mission.
The pared-down utility of the first prototypes in 1936, together with the curved 'egg' shape, made the 2CV a consummate blend of design and technology concentrated in a precise area, but timeless and unique in the car industry. The 2CV has been the car of choice for rich and poor youngsters, snobs and intellectuals, traditional types and revolutionaries, thus embodying a way of life and an institution.
The 2CV retains the same cheeky verve that has made it the car with the greatest number of round-the-world trips under its belt, and now gives rise to clubs that attract thousands of enthusiasts. Not bad for this immortal 'cross between Pegasus and a mincer...'.

Walter Brugnotti
Former PR and Press Director for Citroën Italia

LA NAISSANCE DE LA 2CV : LA TPV (Toute Petite Voiture)
THE DAWN OF THE 2CV: THE TPV (Toute Petite Voiture)

UNE **8** CV

CITROËN

DE SERIE "PETITE ROSALIE"
A PARCOURU

300000 KMS

EN 134 JOURS A 93 DE MOYENNE
AVEC UTILISATION CONSTANTE D'HUILE YACCO DU COMMERCE
LE CHASSIS DE PETITE ROSALIE EST STRICTEMENT IDENTIQUE
A CELUI DES VOITURES LIVRÉES QUOTIDIENNEMENT A LA CLIENTELE

Les années trente débutèrent en Europe, comme aux États-Unis, dans l'innovation et les expériences. Il manquait de nouveaux modèles automobiles pour remplacer les anciens véhicules des années vingt. Ces derniers étaient apparus suite aux besoins de moyens de transport robustes, simples et facilement accessibles au grand public. Dans les années 1930, de nouveaux besoins virent le jour et les automobiles se devaient d'associer fonctionnalité du passé, qualité et esthétique. Tandis que les premiers centres de style virent le jour aux États-Unis, la nouvelle ligne design commençait à prendre forme en Europe. Les Italiens furent les premiers à apparaître sur la scène avec Pinin Farina et Flaminio Bertoni.

Pinin Farina devint rapidement connu en Europe et aux États-Unis tandis que Flaminio Bertoni s'accomplit en France, et plus précisément chez Citroën.

Durant cette période, les innovations concernaient entre autres l'aérodynamique et la réduction des coefficients de résistance à l'air, également connus sous le nom de CX, afin de réduire notablement la

Publicité des années 1920 de la Citroën 8CV Petite Rosalie.

Left: *Citroën 8CV Petite Rosalie. Twenties placard.*

The Thirties started in Europe, as in the States, amid innovation and experimentation. What was lacking were new car models able to replace the old cars of the Twenties. The latter were born out of the need of robust means of transportation, which had to be simple and easily accessible to the public. In the Thirties, society had new needs and cars were expected to combine the functionality of the past, quality, and aesthetics. While the first style centres were born in the States, in Europe the designed figure was beginning to take shape. The Italians were the first to appear on the scene: Pinin Farina and Flaminio Bertoni.

The former rapidly won fame both in Europe and in the States, whereas the latter found accomplishment in France, namely at Citroën.

The innovations that were introduced during this particular period were mainly studies concerning aerodynamics and the reduction in air resistance coefficients, also known as 'CX'; to gain dramatic

12

la Légère
la voiture économique aux

Étonnante maniabilité, brio en côte, freinage puissant, nervosité des reprises, aptitude inégalée à virer à grande allure, telles sont ses qualités maîtresses. Les plus hautes moyennes horaires sont tenues dans une sécurité totale avec la " 11 légère ".
Hors tout : Long. 4,38 m ; Larg. 1,64 m ; Haut. 1,54 m

llantes performances

la Normale
la plus rationnelle des voiture:

est celle des voitures françaises qui ménage le plus d'espace entre les sièges avant et arrière. Dans un cadre clair et agréable, elle accueille très confortablement ses cinq passagers. À l'arrière comme à l'avant, on peut se délasser en étendant ou en croisant les jambes. On voyage sans la moindre fatigue nerveuse ou musculaire.
Hors tout : Long. 4,63 m ; Larg. 1,76 m ; Haut. 1,54 m

moyenne puissance

la Familiale
la plus logeable des voitures fr çaises de grande série

transportant plus de six personnes. Ses trois strapontins font face à la route. Six glaces latérales : visibilité panoramique. Toutes places occupées, le prix de revient kilométrique par personne transportée reste sans concurrence.
Hors tout : Long. 4,82 m ; Larg. 1,76 m ; Haut. 1,58 m

MAINTENANCE
Constance du rendement, maintien des valeurs, permanence d'une ligne bien étudiée, possibilités inépuisables de remise en état et de retour aux normes d'origine, toutes ces qualités se résument en ce mot du vieux français.
La " MAINTENANCE " est l'apanage de la mécanique Citroën. Chasse de l'essieu, pincement, carrossage, parallélisme, direction, hauteurs sous coque, etc., toutes les articulations vitales (où le jeu peut, à la longue, intervenir) ont été conçues avec des marges de réglage d'une générosité exceptionnelle. Grâce à cette facilité de permanente rénovation, la voiture Citroën défie l'âge et la durée mieux que toute autre voiture.

MOTEUR
Avec ses soupapes en tête, ses chemises amovibles, ses pistons en alliage léger, son vilebrequin équilibré à 3 paliers et son carburateur inversé à pompe de reprise, le moteur " 11 ", dont l'endurance est de notoriété publique, reste en tête de la technique la plus récente.
Au régime de 4.000 tours/minute il développe 58 à 60 chevaux fournissant, à toutes les allures, la RÉSERVE DE PUISSANCE nécessaire à la sécurité de route.
Tous les mécaniciens connaissent le moteur " 11 ". La rapidité des réparations, facilitée par une très large diffusion des pièces d'origine, consacre sa réputation quasi universelle.

Qualités communes à ces 3 voitures

trois visag
un
même cœu

TENUE DE ROUTE
Des progrès ininterrompus ont fait de la technique " traction avant " une tradition spécifique de notre marque. Une des qualités maîtresses de la " Traction-Avant ", c'est la tenue de route qui confère la vraie SÉCURITÉ.
C'est pourquoi des centaines de milliers d'automobilistes ont choisi la Traction-Avant Citroën : sur le verglas, dans la neige ou la boue comme dans les sables du désert, en ligne droite comme en courbe, au coup de frein comme en reprise, la Traction-Avant tient la route mieux que toute autre voiture au monde.

CONFORT
L'amélioration du confort et des accessoires que représentent les toutes dernières transformations ne peuvent s'apprécier que par une comparaison étendue : l'ESSAI des modèles actuels est indispensable.
Douceur des sièges, couleurs, ambiance, qualité exceptionnelle des garnitures, groupement des commandes sous la main, etc., tout ce que le progrès a rendu nécessaire au confort automobile a été étudié avec soin. La Traction-Avant se place au niveau des voitures les plus récemment venues sur le marché français sous les apparences les plus séduisantes.

Brochure publicitaire des années 1950.
La Traction Avant, conçue par Flaminio Bertoni,
était un véhicule révolutionnaire avec un volant,
des freins hydrauliques et un moteur à quatre cylindres.

*Fifties publicity brochure. The Traction Avant, which was designed
by Flaminio Bertoni, was a revolutionary car with front-wheel
drive, hydraulic control brakes, and a four-cylinder engine.*

la Légère

la Normale

11

Traction ◎ Avant

CITROËN

la Familiale

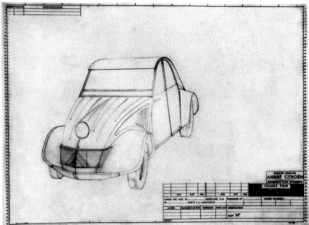

consommation de carburant et d'obtenir des automobiles légères, simples et solides.

Pierre Boulanger, Directeur général de Citroën à l'époque, est à l'origine de l'idée de la 2 CV. En 1936, il eut la vision et l'intuition de créer une automobile populaire à petite cylindrée, capable d'offrir un maximum de confort tout en consommant un minium de carburant. Le projet fut nommé TPV (Toute Petite Voiture) puis rebaptisé plus tard 2CV (2 chevaux).

reductions in fuel consumption and achieve cars that were light, simple and robust.

The idea of the 2CV was credited to Pierre Boulanger, Director General of Citroën at the time, who in 1936 had the foresight and intuition to manufacture a popular car with small cylinder capacity, capable of offering maximum comfort with minimum consumption. The project was called TPV (Toute Petite Voiture – 'very small car') and was later renamed 2CV (2 chevaux – 'hp').

Travaillant avec les designers Flaminio Bertoni et Paul Mages, André Lefèbvre (à gauche) a créé pour Citroën quatre des véhicules les plus spectaculaires et audacieux du XXᵉ siècle : La Traction Avant, la 2CV, la DS et la HY. Pierre Boulanger (ci-dessous) a testé personnellement chaque prototype. Il montait dans le véhicule avec son chapeau melon, qui ne devait pas tomber.

Working with designers Flaminio Bertoni and Paul Mages, André Lefèbvre (left) created for Citroën four of the most dramatic, boldly designed vehicles in the 20th century: Traction Avant, 2CV, DS and HY. Pierre Boulanger (below) tested each prototype personally. He would get into the vehicle with his bowler hat, which was not supposed to fall off.

L'exposé de Pierre Boulanger fut précis et devint la devise de la 2CV : « Le véhicule doit pouvoir transporter 4 passagers, consommer 3 litres aux cent, supporter 50 kg de pommes de terre ou une dame-jeanne de vin, rouler au maximum à 60km/heure et être conduit par une femme; il doit pouvoir transporter sur le siège arrière un panier d'œufs devant rester intacts. »

Pierre Boulanger imagina un véhicule pour 4 personnes, les protégeant uniquement de l'eau et de la poussière, une sorte de 'vélo à 4 sièges et 4 roues sous un parapluie.'

La TPV devait être solide et capable d'effectuer 50 000 kilomètres sans aucun remplacement de pièce mécanique. Les clients ne seraient pas en mesure de payer une réparation de plus de 10 francs ; la qualité devait être irréprochable à un prix abordable. À l'intérieur, le véhicule devait contenir le minimum. Son slogan : « légèreté et innovation ».

Pour ce travail, Pierre Boulanger choisit deux vétérans ayant fait leurs preuves avec la création d'un véhicule à grand succès en 1934 chez Citroën, la Traction Avant, révolutionnaire à la fois dans le style et l'aérodynamique. André Lefèbvre fut choisi pour l'aspect mécanique et Flaminio Bertoni pour le design. En une nuit, tous deux planifièrent la nouvelle ligne de la 2CV.

The briefing from Boulanger was precise and over time became a kind of 'badge' for the 2CV: "The car must transport 4 passengers, consume 3 litres of petrol every 100 km, be able to carry 50 kg of potatoes or a demijohn of wine, have a maximum speed of 60 km per hour, can be driven by women and on the back seat carry a basket of eggs without breaking them".

Pierre Boulanger imagined a car for 4 people that only protected them from water and dust, a kind of "bicycle with 4 seats and 4 wheels under an umbrella".

The TPV was to be a robust car, to run 50,000 km without the replacement of any mechanical parts. Customers would not face charges for repairs of more than 10 Francs and have impeccable quality at an affordable price. Inside, the vehicle had to contain the minimum. The slogan was: 'lightness and innovation'.

For this task he chose a pair of veterans who were already 'tried and tested' and from which, in 1934, they had created a very successful car for the Citroën house; the Traction Avant, revolutionary both in its style and its aerodynamics. André Lefèbvre was chosen for the mechanical elements, and Flaminio Bertoni for the design who in one night planned the new line of 2CV.

Entre 1937 et 1979, près de 250 prototypes furent fabriqués. Le premier fut créé en 1937 avec le moteur d'une moto 500 cm³. Le véhicule était équipé d'une traction avant, d'un moteur à deux cylindres et à refroidissement par eau et d'une manivelle pour le démarrage. Le concept de « légèreté » fut mis en pratique grâce à des solutions uniques telles que l'utilisation d'alliages légers pour la carrosserie, de sièges arrière suspendus (fixés au toit par des boulons), ou de toile pour le toit décapotable du pare-brise à la plaque d'immatriculation arrière. Le véhicule ne possédait également qu'un phare et un essuie-glace manuel.

Between 1937 and 1939 there were some 250 prototypes built, the first one that saw the light of day in 1937 was built with an engine from a 500 cc motorbike. It was a car with front-wheel drive, a twin-cylinder water-cooled engine and a crank to start it. The concept of 'lightweight' was put into practice through some unique solutions, such as the use of light alloys for a number of bodywork pieces, or the creation of suspended back seats (attached to the roof by bolts), or the use of canvas for the roof which opened from the windscreen to the rear number plate. It also had a single front headlight and manual windscreen wiper.

Ci-dessus : André Citroën, fondateur de Citroën en 1919.
À droite : la TPV ne possédait qu'un seul phare, situé du côté gauche, et un seul essuie-glace manuel.

Above: *André Citroën, the founder of Citroën in 1919.*
Right and in the next pages: *the TPV had one single headlight on the left and one single manually-controlled windscreen wiper.*

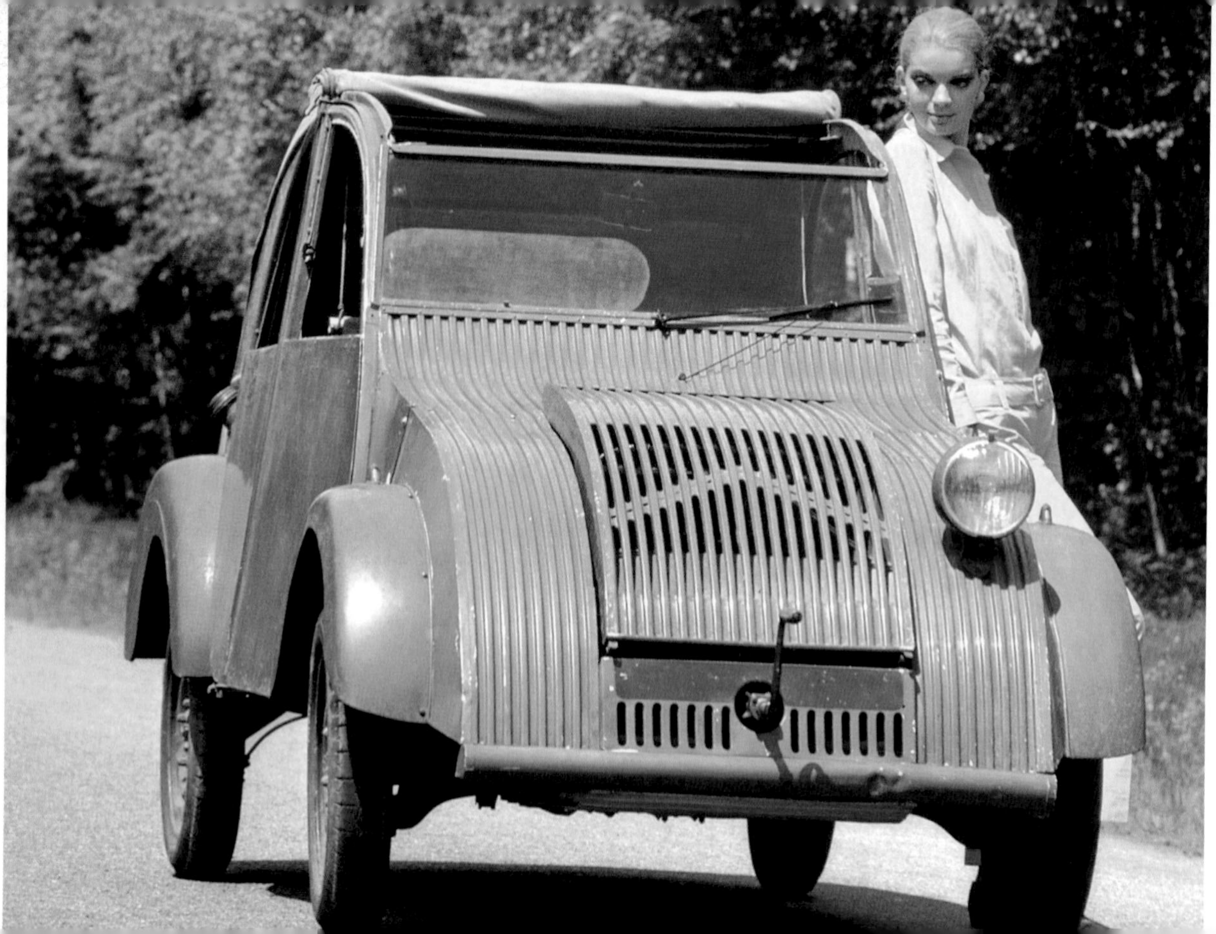

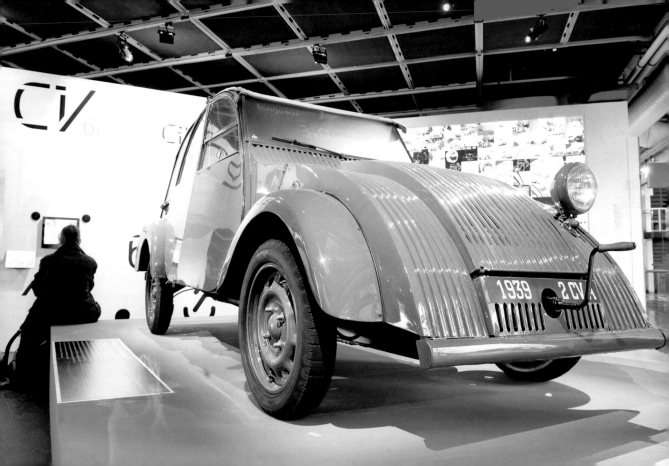

L'inauguration du véhicule fut programmée pour le Salon de l'automobile de Paris de 1938, événement qui fut annulé en raison de la Seconde Guerre mondiale. Durant le conflit, la recherche, les innovations et l'ambition des constructeurs et designers automobiles furent soudain interrompues. L'industrie automobile tout entière dut s'adapter aux événements tragiques : les lignes de production et les bâtiments durent être convertis pour la construction de véhicules tels que les ambulances, les fourgons, les bus, les jeeps militaires et les motos.

Les prototypes existants furent cachés, certains démontés et d'autres détruits afin que leur développement ne tombe pas en des mains ennemies. Mais même l'occupation nazie fut incapable d'arrêter les recherches et le développement ; malgré l'interdiction allemande, le travail et l'amélioration de la TPV se poursuivirent durant les années de guerre. En 1946, le véhicule fut enfin prêt pour les essais. Afin de garder le secret, Boulanger acheta une partie de terre à l'ouest de Paris, 'la Ferté-Vidame', qui accueille aujourd'hui encore le centre d'essai de Citroën.

La 2CV dut attendre le Salon de l'automobile de Paris de 1948 pour être dévoilée.

The inauguration of the vehicle was scheduled for the 1938 Paris Motor Show, but this event was suspended due to the outbreak of World War II.

During the conflict the concentrated research activities, innovations and ambitions of car manufacturers and designers suddenly halted. The entire vehicle manufacturing industry had to adjust with the tragic events of the war and they had to convert their production lines and buildings to become suitable for the making of vehicles such as ambulances, vans, buses, military jeeps and motorcycles.

The existing prototypes were hidden, some were disassembled, and others were destroyed so that development of these vehicles did not fall into enemy hands. But even the Nazi occupation was unable to stop their research and development; despite the German ban, they continued to work on making improvements to the TPV during the war years. In 1946 they were finally ready to do the test runs and to maintain secrecy, Boulanger bought a piece of land west of Paris – la Ferté-Vidame, which today is still the test centre for Citroën.

The 2CV had to wait for the Paris Motor Show of 1948 before it could make its public debut.

Le véhicule pesait seulement 400 kilogrammes.
Les ailes et le capot était en tôle,
les roues en magnésium, et le toit
et le porte du coffre en toile.

The car weighed only 400 kilograms.
The wings and the bonnet were made of sheet
metal, the wheels made of magnesium,
with a canvas soft top and boot door.

Présentation au Salon de l'automobile de Paris en 1948.
Le capot des 2CV était scellé
et personne ne pouvait voir le moteur.

Presentation at the Paris Motor Show in 1948.
The bonnet of the 2CVs on show was sealed
and nobody could see the engine.

1948: PRÉSENTATION AU SALON DE L'AUTOMOBILE DE PARIS
1948: THE PRESENTATION AT THE PARIS MOTOR SHOW

La souplesse de ce véhicule était sans fin. Adaptée à toutes les catégories professionnelles (du boulanger au prêtre des campagnes), elle rencontra un grand succès auprès des femmes. Timbre du Gabon pour le 100ème anniversaire de la naissance d'André Citroën (ci-dessous).

Endless was the versatility of this car. It was suitable for any professional category (from the baker, to the countryside parish priest), and had great success with women. Gabon stamp (below) for the celebration of the 100th anniversary from the birth of André Citroën.

34

Lors de sa première apparition en public, le 7 octobre 1948, la TPV, alors rebaptisée 2CV, émerveilla le public. Elle est immédiatement apparue comme une révolution par rapport au design d'origine. La version de 1948 de la TPV, comparée à celle de 1938, avait subi de nombreux changements, notamment dans le choix des matières utilisées. De nouveaux panneaux latéraux en magnésium et un châssis en aluminium furent utilisés mais augmentèrent le prix de vente du véhicule, principale considération à respecter. Le magnésium et l'aluminium furent donc abandonnés et remplacés par de l'acier pour la carrosserie. Cette 2CV semblait malgré tout moins brute que la version

At its first public appearance, on 7th October 1948, the TPV, which by this time took on the name 2CV, caused amazement among the general public as it immediately appeared to be a revolution to the original design. The 1948 version of the TPV compared to the 1938 one, had undergone many changes, particularly in the choice of materials used. Adopted on the new TPV were side panels made of magnesium and aluminium chassis. These changes raised the selling price of the car, even though the price was the main aspect to be respected. This led to the abandoning of magnesium and aluminium, in favour of steel for

de 1938. L'aération, le démarrage électrique et la quatrième vitesse furent ajoutés, et les phares et essuie-glaces doublés. Un système d'échange de chaleur fut également mis en place.

Son nouvel aspect surprit tout le monde : elle était si « comique » qu'elle fut aussi l'objet de nombreuses moqueries. Son principal attribut restait cependant son moteur économique à deux-temps et à refroidissement par air.

La production de la 2CV fut lancée en 1949 avec un moteur 375 cm³ et symbolisa peu après la reconstruction du pays, encore sous le choc de la guerre. La 2CV incarnait la liberté et le concept de fonction-

the bodywork. Not withstanding this 2CV appeared to be less crude than the 1938 version. There was also the introduction of air cooling and headlights. The windscreen wipers became double, and electrical starting equipment was introduced. There was also the implementation of a heat exchange system and the fourth gear was added. What really amazed everyone however was its new look; it was so 'comical' that it even provoked some mockery. Despite its main attributes: the ultra economical price and the air-cooled twin-stroke engine. In 1949 the 2CV Type A was put into production with a 375 cc engine

nalité. Le nouveau slogan, « La 2CV c'est plus qu'une voiture, c'est un mode de vie », fut popularisé par les journaux à la fin des années 1940.

Les commandes augmentèrent à vitesse exponentielle en raison de sa robustesse, de sa commodité et de son faible coût d'entretien, suscitant une sorte « d'engouement collectif » pour la 2CV. Ce succès soudain entraîna de nombreux retards dans la production. En 1951, ceux qui avaient acheté une 2CV durent attendre des années avant de l'avoir en leur possession. Elle n'était alors disponible qu'en gris, mais le fameux « bleu glacier » fut introduit en 1959.

and soon after, became the symbol of the reconstruction of the country which was still traumatised by the war; it represented the idea of freedom and the concept of functionality. The slogan became 'more than a machine, a way of life' which was popularised by the newspapers of the late Forties.

Orders grew at an exponential rate due to the fact that it was robust, practical and low in maintenance costs, causing the 2CV to provoke a sort of 'collective infatuation'; this sudden success caused many delays in its production. In 1951, gray was the only colour available and those who bought the car had to wait years to be able to take possession.

A votre service

Les Citroënistes du monde entier sont accueillis par un réseau de mécaniciens expérimentés, bien approvisionnés en pièces détachées et tenus au courant des plus récentes méthodes de travail. A main-d'œuvre et fournitures comparables, les travaux de réparation seront toujours, sur une " CITROËN ", les moins chers et les plus rapides grâce, en particulier, aux " échanges-rénovation " d'organes mécaniques.

LES GRANDS ITINÉRAIRES

5 000 agents spécialisés

La production de la 2CV Type A débuta en 1949.
Équipée de deux phares, elle se caractérisait
par une adhérence à tout type de terrain grâce à un système
d'amortisseurs à inertie et à la légèreté des matières utilisées.
À gauche : Salon de l'automobile de Paris, 1950

The 2CV Type A was put into production in 1949.
It had two front headlights and it guaranteed a particular
grip on any type of terrain, thanks to a system of inertia
shock absorbers and to the lightness of the materials.
Left: *Paris Motor Show in 1950.*

43

LES ANNÉES 1950: DE LA FOURGONNETTE À LA SAHARA
THE FIFTIES: FROM THE FOURGONNETTE TO THE SAHARA

Avec un moteur à l'avant, un volant, et quatre portes.
Le prix de la 2CV était imbattable :
elle coûtait 228 000 anciens francs lorsqu'elle
fut mise sur le marché en septembre 1949.

The 2CV was characterized by a front engine,
front-wheel drive, and a four-door bodywork.
The price was unbeatable: it cost 228,000 Francs
when it went on the market in September 1949.

Dans les années 1950, la 2CV connut de nouveau une forte augmentation de ses ventes ; le délai de livraison atteignit 6 ans, tandis que la production passa de 4 à 400 véhicules par jour. Son faible prix (la moitié du coût d''une Coccinelle VW) était très apprécié, ainsi que sa souplesse, son adhérence sur tous types de surface et, non le moindre, son coût d'entretien.

À la suite de l'énorme consensus lors du Salon de l'automobile de Paris en 1950, Citroën introduisit la 2CV Utilitaire (2CV U) et la 2CV Fourgonnette, qui fut ensuite commercialisée en mars 1951. La Fourgonnette présentait les mêmes aspects mécaniques que la 2CV A Berline et le même moteur à deux cylindres 375 cm³, mais elle pouvait transporter une charge de 250 kilogrammes. Sa vitesse maximale était de 60km/heure, mais la troisième vitesse étant difficile à positionner, elle ne pouvait souvent pas dé-

In the Fifties, the 2CV once again experienced a real boom in sales; the delivery time went up to 6 years, whilst production went from 4 to 400 cars per day. What was liked about the new car was its low price (half the cost of a VW Beetle), its versatility, the grip on every type of road surface and, not least the low cost of maintenance.

In the wake of its enormous consensus, at the Paris Motor Show 1950, Citroën introduced the 2CV Utility (2CV U) – the 2CV Fourgonnette, which was then put on the market in March 1951. The Fourgonnette had the same mechanics as the 2CV A saloon and also the same 375 cc twin-cylinder engine, but the real novelty was it had the ability to carry a load of 250 km. Its maximum speed was 60 km per hour, but because the third gear was difficult to locate, it would often be found driving up hill at a speed of 15 km per hour.

POSTE A 13
CONTROLE
PLATEFORME
MÉTALLURGIE

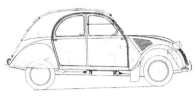

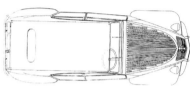

passer 15km/heure en côte. La décision de production de la Fourgonnette fut de nouveau un succès, en partie grâce à la stratégie commerciale basée autour de la versatilité. Le corps du véhicule était en fait conçu pour fournir une « plate-forme » et répondre aux besoins des clients et de leurs types respectifs de marchandises, tout en conservant cependant les caractéristiques mécaniques existantes. D'innombrables versions de vitres furent proposées, dont des types de verre différents, le pick-up, une version allongée, surélevée ou incassable. Vers la fin des années 50, la Citroën belge commença à se commercialiser sous un modèle à deux

The decision to produce the Fourgonnette was again a success, partly due to a business strategy that was based on versatility. The body of the car was, in fact, designed to provide a 'platform' so that it could be adapted to meet the needs of customers and their respective types of freight, and still maintaining the existing mechanics. Consequently there were countless versions, for example: with windows, pick up, elongated, raised and break proof, to name but a few. The Belgian Citroën, toward the end of the Fifties, began marketing a weekend model with two-tone paint, and fitted with a divan sofa and wider windows.

En 1953, l'ovale qui entourait les chevrons fut retiré de la calandre du radiateur (pages précédentes).
La marque Citroën fut créée par Flaminio Bertoni, le créateur de la 2CV.
Bernard Citroën, petit-fils d'André Citroën, affirma :
« Il n'était absolument pas garanti qu'après le décès de mon grand-père en 1935, la marque survive sans la contribution de Bertoni. »

In 1953 the oval surrounding les chevrons was removed from the radiator's grille. The Citroën trademark was designed by Flaminio Bertoni, the creator of the 2CV.
Bernard Citroën, grandson of André Citroën asserted:
"It wasn't at all to be taken for granted that, after the death of my grandfather in 1935, the brand would have survived without the contribution of Bertoni".

couleurs, la 2CV Week-end, équipée d'une banquette et de fenêtres arrière réglables, pouvant s'élargir. En France, la 2CV fut adoptée par les services postaux et devint rapidement indispensable aux postiers qui jusqu'alors travaillaient en bicyclette. Les lettres PTT (Postes, télégraphes et téléphones) furent même gravées sur la cabine du véhicule. Après les services postaux français ce fut au tour de la Police néerlandaise puis au Club automobile scandinave d'adopter la 2CV, pour rouler sur les routes gelées et enneigées.
Année après années, la 2CV subit de légères modifications et améliorations. En 1952, le gris métal fut remplacé par un gris plus foncé et en 1953 la calandre ovale qui entourait les chevrons aujourd'hui célèbres fut retirée et le tissu gris utilisé pour le doublage des sièges laissa place au tartan. En octobre 1954, une nouvelle version de la berline vit le jour, le type

In France it was supplied to the Post Office where the letters PTT (Postal Service) were engraved on the cab and quickly became indispensable to postmen and women, who until then only had the use of a bike. After the French Postal Service came the turn of the Dutch Road Police and then the Scandinavian Automobile Club for assistance on snowy and icy roads.
In the meantime, the 2CV underwent minor changes and improvements over the years.
In 1952, the metallic grey was replaced by a darker grey, while in 1953 the oval grille that surrounded the famous chevrons was removed, and the grey fabric for lining the seats gave way to tartan. In October 1954 Type AZ appeared, a new version of the Saloon; the 375 cc engine was replaced by a more powerful 425 cc which allowed it to reach speeds of up to 70 km per hour.

La furganeta AKS-400 bate todos los récords de la relación capacidad-costo. Y así se convierte en la preferida de los que necesitan moverse ágil y frecuentemente.

Sin prisa y sin pausa. O incluso con prisa. Porque la AKS-400 es un vehículo rápido de cargar y descargar. Sus dos puertas traseras se abren a ras del piso, facilitando las operaciones. Y se abren aunque el espacio entre coches sea pequeño.

Su modesto consumo siete litros cada cien kilómetros no le impide cargar hasta 400 Kg. y llevarlos como en volandas por cualquier clase de camino.

La AKS-400 posee las mismas características que la AK-350 en cuanto a motor. Pero la caja es más alta. También el hueco entre las puertas traseras es más amplio. Esto permite llevar, con más facilidad, objetos mayores.

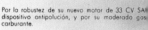

AK-350. Para transportar más por menos dinero.

Cómoda de cargar y cómoda de conducir. Sus confortables asientos y su nuevo tablero de mandos son una deferencia al que conduce.

Es rápida de aparcar, también. 3,80 metros de longitud total que caben en cualquier hueco.

Y hablando de pesetas la AK-350 (junto con su hermana mayor la AKS-400) es la furgoneta más económica del mercado en cuanto al consumo y mantenimiento.

Por la robustez de su nuevo motor de 33 CV SAW dispositivo antipolución, y por su moderado gas carburante.

La furgoneta AK-350 admite una carga útil de 350 tiene una capacidad de 2.100 dm³, perfectamente regu

Hay montones de exigencias que la AK-350 resuelv eficazmente que otros transportes mucho más costos

FURGONETAS CITROËN⌃

Plusieurs modèles de la 2CV Fourgonnette.
La Fourgonnette ne passa jamais de mode. Elle fut en effet produite
de 1950 à 1980. À gauche : la Fourgonnette AKS 400 (d'une
brochure espagnole de 1974), un modèle sur lequel le toit de l'arrière
du véhicule était surélevé afin d'augmenter la capacité de charge.

Several models of the 2CV Fourgonnette.
*The Fourgonnette went never out of fashion. Indeed, it was
produced from 1950 to 1980. Left: the Fourgonnette AKS 400
(from a Spanish brochure of 1974); a model where the box
roof was raised in order to increase the load capacity.*

AZ ; le moteur 375 cm³ fut remplacé par un moteur plus puissant de 425 cm³, ce qui permit au véhicule d'atteindre une vitesse de 70km/heure. À cette époque, la 2CV U (Fourgonnette) fut remplacée par la 2CV AZU, équipée du même moteur 425 cm³. En décembre 1956 fut lancée la version luxueuse de l'AZ, l'AZL (AZ Luxe), dotée de baguettes en aluminium sur le capot, sous les portes et les pare-chocs, d'un système de dégivrage du pare-brise, d'une capote en toile colorée pouvant être enroulée et d'un pare-brise arrière plus large. En 1958 débarqua la version équipée d'un coffre : la 2CV AZLP.

Cette même année, Citroën lança la 2CV 4x4 Sa-

During this time the 2CV U (the Fourgonnette) was replaced by the 2CV AZU, which also had the same 425 cc engine. December 1956 saw the introduction of the luxury version of AZ called the AZL (AZ Luxury), with aluminium profiles on the bonnet, below the doors and on the bumpers, along with a system for defrosting the windshield, a coloured hood and a wider rear window. In 1958 however arrived the version with a boot: the 2CV AZLP.

That same year, Citroën presented the 2CV 4x4 Sahara. The idea of this 4x4 came from a dealer who managed to obtain a prototype.

hara, idée d'un revendeur qui avait réussi à se procurer un prototype. La Sahara était équipée d'un moteur à deux cylindres, avec deux moteurs 425 cm³, l'un à l'avant et l'un à l'arrière, dans le coffre. Cette version pouvait dépasser les 110km/heure et les roues motrices, au choix, pouvaient être à l'avant, à l'arrière, ou les deux. La 2CV Sahara est aujourd'hui un objet de collection puisque seulement 694 véhicules furent fabriqués, et la production brutalement stoppée en 1966.

En novembre 1959, une nouvelle couleur vit enfin le jour et s'ajouta au gris : le fameux « bleu glacier ». Enfin, les roues 380 mm furent remplacées par des 400 mm.

The Sahara had a twin engine with 2 x 425 cc engines, one in the front and one in the back in the boot. It could exceed 110 km per hour and could be driven front wheel, rear wheel or both. Today it is a real collector's item, since there was only produced a limited number (only 694 vehicles), as production stopped abruptly in 1966.

In November 1959 finally saw the introduction of a new colour in addition to the grey: the so-called 'Ice Blue' and lastly was the replacement of larger wheels from 380 mm to 400 mm.

L'énorme succès du modèle Fourgonnette est dû à sa conduite facile, en ville comme à la campagne. C'est pourquoi elle fut adoptée par les services postaux français, la Police néerlandaise et les Clubs automobiles scandinaves.

The great success of the Fourgonnette model was due to the fact that it could be driven effortlessly both in town and on uneven ground. For this reason, it was used by the French Postal Service, by the Dutch Road Police, and by the Scandinavian Automobile Clubs.

2CV 4x4 Sahara de 1961, avec une vitesse dépassant 110km/heure.

2CV 4x4 Sahara of 1961 with speed exceeding 110 km per hour.

2 CV 4x4 Sahara de 1958, année de sa
présentation au public. Les roues motrices
pouvaient être à l'avant, à l'arrière ou les deux.

*2 CV 4x4 Sahara of 1958, the year when
it was put on the market. It could
be front, rear or four-wheel drive.*

LES ANNÉES 1960 ET LA NAISSANCE DE LA DYANE
THE SIXTIES AND THE BIRTH OF DYANE

« Plus qu'une voiture, un art de vivre », voici le slogan que l'on pouvait admirer en grand à l'extérieur du coffre.

Dans les années 1960, la 2CV devint plus que jamais le symbole d'un style de vie qui accompagnait les rêves de liberté des mouvements des jeunes et le féminisme. La demande de libération commença à exploser du point de vue de la morale, avec d'importantes répercussions sociopolitiques.

En mars 1961, la type A, avec son moteur 375 cm³, fut retiré de la production. La même année, certains détails qui avaient contribué à la beauté de la 2CV, encore de vigueur aujourd'hui, subirent quelques mo-

'Not a car, but an art of living': that was the slogan in full view on the outside of the boot.

In the Sixties, the 2CV became more than ever the symbol of a lifestyle that accompanied the dreams of freedom of youth movements in the Sixties and feminism. The wish for liberation began to explode from the point of view of morals, with important socio-political repercussions.

In March 1961, the Type A with its 375 cc engine went out of production. That same year saw the modification of some details that contributed to the 2CV beauty, that still remains the image of today. The 5 large ribs on the bonnet – that be-

2CV AZAM de 1964. Il s'agit-là de la version haut de gamme.

2CV AZAM of 1964. It was the top-of-the-range version.

difications : les 5 grosses nervures sur le capot, au préalable intégrées dans la plaque d'immatriculation, devinrent amovibles ; des éléments furent ajoutés comme une porte pour le coffre arrière qui manquait à l'appel jusqu'à présent ou une troisième fenêtre latérale ; et les portes avant furent renforcées.

En février 1963, l'AZAM (AZ Amélioré) fit son apparition avec un moteur plus puissant de 425 cm³ et 18 chevaux, et des finitions améliorées.

En décembre 1964, les gonds des portes avant passèrent de l'arrière de la porte à l'avant de celle-ci et, en 1965, fut ajoutée la troisième fenêtre latérale, au-dessus du pare-choc arrière.

came removable – now were incorporated in the number plate. Other added elements were a rear boot lid which up to that point was missing, the third side light and the bracing front doors were also added.

February 1963 saw the first appearance of the AZAM (AZ Amélioré or 'improved') with a more powerful 425 cc, 18 hp engine and improved finishes. In December 1964, the front doors changed from rear to front hinged, and in 1965 the third side glass over the rear bumper was added. In April 1966, the 2CV AZAM was replaced by the Export 2CV, with even more luxurious finishes.

À gauche : 2CV AZAM de 1968 et 1967 respectivement.

2CV AZAM of 1968 and 1967 respectively.

En avril 1966, la 2CV AZAM fut remplacée par la 2CV Export, dotée de finitions encore plus luxueuses. Le succès fut cependant court et marginal puisque Citroën lança cette même année un nouveau véhicule, une légende d'une nouvelle ère : la Dyane.

It was, however, a marginal success and had a short life span since this was the year in which appeared a new Citroën car, a legend that would begin a new era: the Dyane.

À droite : 2CV Export de 1967, avec toit décapotable dans la version encore plus luxueuse.

2CV Export of 1967, with openable top in the even more luxurious version.

2CV AZL de 1968, équipée d'une capote en tissu coloré.
L'AZL est sortie en 1956 comme la version luxueuse,
équipée d'un large pare-brise arrière, d'un système de dégivrage
et d'une capote de toit unique pouvant être enroulée.

2CV AZL of 1968, fitted with coloured-fabric top.
The AZL came out in 1956 as a luxury version, fitted with
a wide rear window along with a system for defrosting,
and the unique rollover coloured canvas.

Couverture Les Chevrons (# 3)
et poster publicitaire.

Cover of the magazine Les Chevrons *(# 3)
and an advertising poster.*

la liberté !

la liberté !

la liberté !

la liberté !

la liberté !

la liberté !

la liberté en

2CV

1234·AB06

LES ANNÉES 1970 : UNE ÈRE DE COURSE ET DE TOURISME
THE SEVENTIES: THE ERA OF RACING AND TOURING

Au début des années 1970, la collection de la 2CV subit de profonds changements et fut divisée en 2 catégories : la 2CV 4, avec son moteur 435 cm³ et 24 chevaux et la 2CV 6, avec son moteur 602 cm³ et 24 chevaux. Le reste de la production fut interrompu. Les deux modèles, caractérisés par les feux arrières (les mêmes que sur l'Ami6), apportèrent le regain tant espéré.

Même d'un point de vue esthétique, des changements importants eurent lieu : en 1974, une calandre avec 5 lames en plastique et des chevrons intégrés remplacèrent la calandre en aluminium et les phares devinrent rectangulaires.

At the beginning of the Seventies, the 2CV collection underwent profound changes, and was divided into 2 categories: the 2CV 4, with its 435 cc, 24 hp engine and the 2CV 6 with 602 cc and 26 hp engine, while the rest of the production was halted.

The two models, which were characterised by the rear lights (as they were the same as the Ami6), brought the hoped renewal.

Even from an aesthetic point of view significant changes were introduced: in 1974 a grille with 5 plastic blades and integrated chevrons *replaced the aluminium grille and the headlights changed from round to rectangular.*

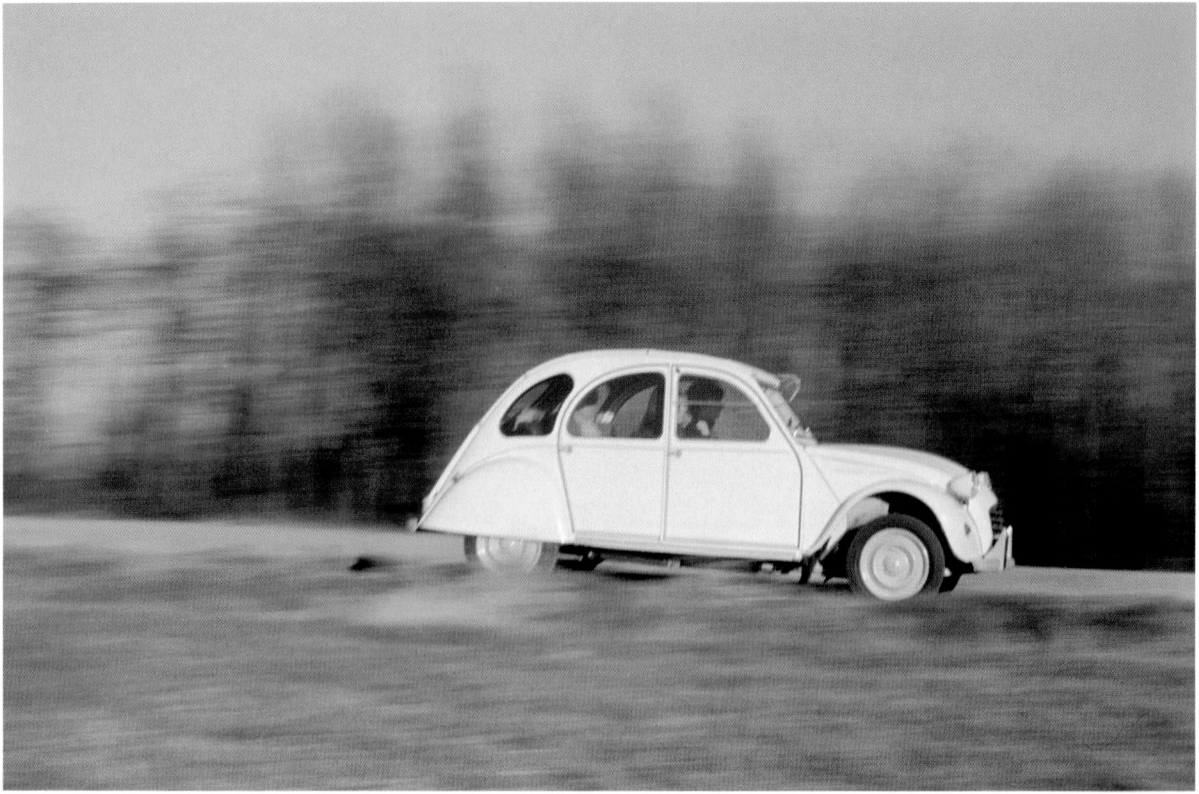

2CV 6 de 1970.

2CV 6 of 1970.

En 1972 apparut la 2CV Cross, une version de la 2CV adaptée à la course. Citroën organisa la course Pop Cross, qui fut le début du championnat français de 2CV Cross, une course de voitures organisée dans de nombreux pays européens. Malgré sa popularité, Citroën décida de suspendre la course en 1978. Les championnats de 2CV Cross ont malgré tout encore lieu aujourd'hui, chacun remportant un vif succès à la fois auprès des participants et du public.

En 1975, la 2CV 4 devint la 2CV Spécial : les phares reprirent leur forme arrondie mais rétrécirent d'un tiers. Pour les couleurs, la « consigne » était jaune pour la France et rouge pour la Suisse. Cette version

In 1972 appeared the 2CV Cross, a version of 2CV adapted for racing. Citroën organised a competition called Pop Cross, which was the start of the French 2CV Cross championship, which is a race that is staged in many European countries. Although Citroën decided to suspend the Competition in 1978, the 2CV Cross championships still continue today with each championship proving to be a huge success for both participants and the public.

In 1975, the 2CV 4 became the 2CV Special; the round headlights returned but the third side window was removed. The 'regulation' colours were yellow for France and Red for Switzerland. The 2CV

2CV 4 de 1974.

2CV 4 of 1974.

À gauche : la 2CV dans une brochure publicitaire de 1972.
À droite : 2CV Spécial de 1979. Vendue en jaune en France et en rouge en Suisse.

Left: *the 2CV in an advertising brochure in 1972.*
Right: *2CV Special of 1979. It was sold in the colour yellow in France and red in Switzerland.*

2CV Spot de 1976, la première des séries limitées.
La carrosserie à deux couleurs était orange et blanche.
La calandre était conçue en plastique
et les phares étaient rectangulaires.

2CV Spot of 1976. The first of the special fittings.
The two-colour bodywork was orange and white.
The grille was made of plastic, whereas the headlights
were rectangular.

subsista jusqu'en 1979, date à laquelle la 2CV 6 Spécial vit le jour.

En 1976 apparut la première série limitée : la 2CV Spot, caractérisée par une carrosserie blanche et orange. L'intérieur et le « capot » étaient de la même couleur et une toile pare-soleil fut ajoutée à l'avant. Seuls 1800 véhicules furent produits et se vendirent comme des petits pains.

En 1979, la version 2CV 6 Club vit le jour, tandis que la 2CV Spécial, avec son moteur 435 cm³, se transforma en 2CV 6 Spécial avec un moteur 602 cm³.

La 2CV survécut aux engouements constamment changeants de la mode et changea avec le temps, prouvant continuellement sa capacité à s'adapter aux nouvelles demandes d'un monde en perpétuel changement. Dans les années 1970, la 2CV représentait la liberté, l'autonomie et l'indépendance ; elle était la voiture des jeunes à la recherche de nou-

Special was produced up until 1979, when the 2CV 6 Special took its place. In 1976 appeared the first of the specials: the 2CV Spot with a white and orange two-tone body. The interior and its 'bonnet' were the same colour and it had the addition of cloth sunshades in the hood. Only 1800 were ever made and these sold like 'hot cakes'.

In 1979 the 2CV became 2CV 6 Club, while the 2CV Special with its 435 cc engine turned into the 2CV 6 Special with a 602 cc engine.

The 2CV survived the ever changing fads in fashion and moved with the times, showing that it was able to adapt to the new demands of a continually changing world. In the Seventies, the 2CV was the image of freedom, autonomy and independence, it was the car of young people in search of newness, eager to leave behind the symbols of the past and discover the world.

Waarom willen wij aandacht voor een auto die al lang een legende is? Om u in de gelegenheid te stellen hem opnieuw te ontdekken!

Zo is hij nog steeds even compleet met z'n vier deuren en is de 2CV nog steeds de goedkoopste wagen met open dak. Al naar gelang van de weersomstandigheden kunt u het dak op twee manieren openzetten: geheel of gedeeltelijk. Voor meer of minder zon.

Alles wat u bij u wilt hebben ligt in ruime dashboardvakken onder handbereik. Verwarming en luchtverversing zijn goed en gemakkelijk regelbaar. De kofferruimte kan flink worden vergroot doordat de achterbank uitneembaar is. En is dat niet genoeg? Dan kunt u het dak openen en de lading er bovenuit laten steken.

De 2CV neemt alles mee, nou ja, bijna alles. En die achterbank, die er zo gemakkelijk uit te halen is, is reuze comfortabel bij een picknick. De constructie van de carrosserie is erg modern; het zelf demonteren en monteren van onderdelen is een werkje van niets!

4

veauté, avides de laisser derrière eux les symboles du passé et de découvrir le monde. Afin de répondre à ces besoins et à la demande du public, Citroën fut à l'écoute et organisa des expéditions extraordinaires tels que le « Paris-Kaboul » (16 500 kilomètres en un mois), le « Paris-Persépolis-Paris (13 500 km) ou l'attirant « Raid Afrique » (8 000 km d'Abidjan à la Tunisie, dans le désert du Sahara). Des centaines de jeunes participèrent à ces expéditions dans leur 2CV.

To meet these needs and requests from the public more and more careful, Citroën organised spectacular tours such as the Paris-Kaboul (16,500 km in a month), the Paris-Persepolis (13,500 km), and the appealing Raid Afrique (8,000 km from Abidjan to Tunisia in the Sahara desert).
There were hundreds of young people taking part in their 2CV's.

2CV Cross. Raid Paris-Persépolis de 1971.

2CV Cross. Raid Paris-Persepolis of 1971.

2CV Raid Wembley-Mexico de 1970.

2CV Raid Wembley-Mexico of 1970.

2CV Dyane Cross des années 1970.
Giorgio « ZacMan » Zacchetti,
pilote italien de la course de 2CV Dyane.

*International 2CV Dyane Cross
in the Seventies.*
Above: *Giorgio "ZacMan" Zacchetti,
2CV Dyane Cross Italian pilot.*

À droite : 2CV Cross. Traversée d'Argentine, 1973.
Page suivante : 1973 Pop Cross. Bande dessinée française
sur une 2CV Dyane Cross de 1973

Left: *2CV Cross. Crossing of Argentina, 1973.*
Right: 1973 Pop Cross. *French comic-strip story
about 2CV Dyane Cross of 1973.*

LES ANNÉES 1980 ET 1990 : LES DERNIERS MODÈLES
THE EIGHTIES AND NINETIES: THE LAST MODELS

Deux 2CV 6 Club de 1980.
Le même modèle avec différents types de phares.

Two 2CVs 6 Club of 1980.
The same model with different kinds of headlights.

Une nouvelle version fut présentée au Salon de l'automobile de Paris de 1980 : la 2CV Charleston, avec une carrosserie noire et bordeaux et des garnitures blanches. C'était un hommage aux années 1930 et à la danse à l'époque à la mode. Elle rencontra un énorme succès et les 8 000 véhicules produits ne suffirent pas à répondre à la demande des clients. En 1982, la 2CV Charleston fut donc réintroduite et resta dans le catalogue jusqu'à la fin de sa production (juillet 1990), avec le lancement de nouvelles couleurs, jaune et noir ainsi que noir et gris. En 1982, ce fut le tour de la version James Bond 007, suite à la participation extraordinaire de la 2CV dans le film « Agent 007 – Rien que pour vos yeux ». Sept cent véhicules jaunes furent produits, affichant le légendaire logo « 007 » sur les côtés et de faux impacts de balles sur toute la carrosserie. En 1985 débarqua la version « Dolly », destinée principale-

The Paris Motor Show of 1980 was presented with a new special version, the 2CV Charleston, with two-tone black and burgundy bodywork and white trim. It was a tribute to the Thirties and to the dance that was in vogue at that time. It was a real success and the production of only 8,000 cars was not sufficient to satisfy customer demands, so in 1982 the Charleston was reintroduced and remained in the catalogue until the end of its production (July 1990) with the introduction of black and yellow and black and grey as new colours. In 1982, it was the turn of the James Bond 007 version, in the wake of the car's extraordinary participation in the film Agent 007 – For Your Eyes Only. *Seven hundred cars were produced in yellow displaying the legendary "007" logo on the sides and fake bullet holes over the whole body. In 1985 arrived the Dolly version, predominantly aimed at*

2CV 6 Club et 2CV 6 Spécial de 1980,
avec un moteur 602 cm³. Versions améliorées de la 2CV 6.
À droite : 2 CV Dolly.

*Left and above: 2CV 6 Special of 1980 and 2CV 6 Club,
with 602 cc engine. Improved versions of 2CV 6.
Next page: 2CV Dolly.*

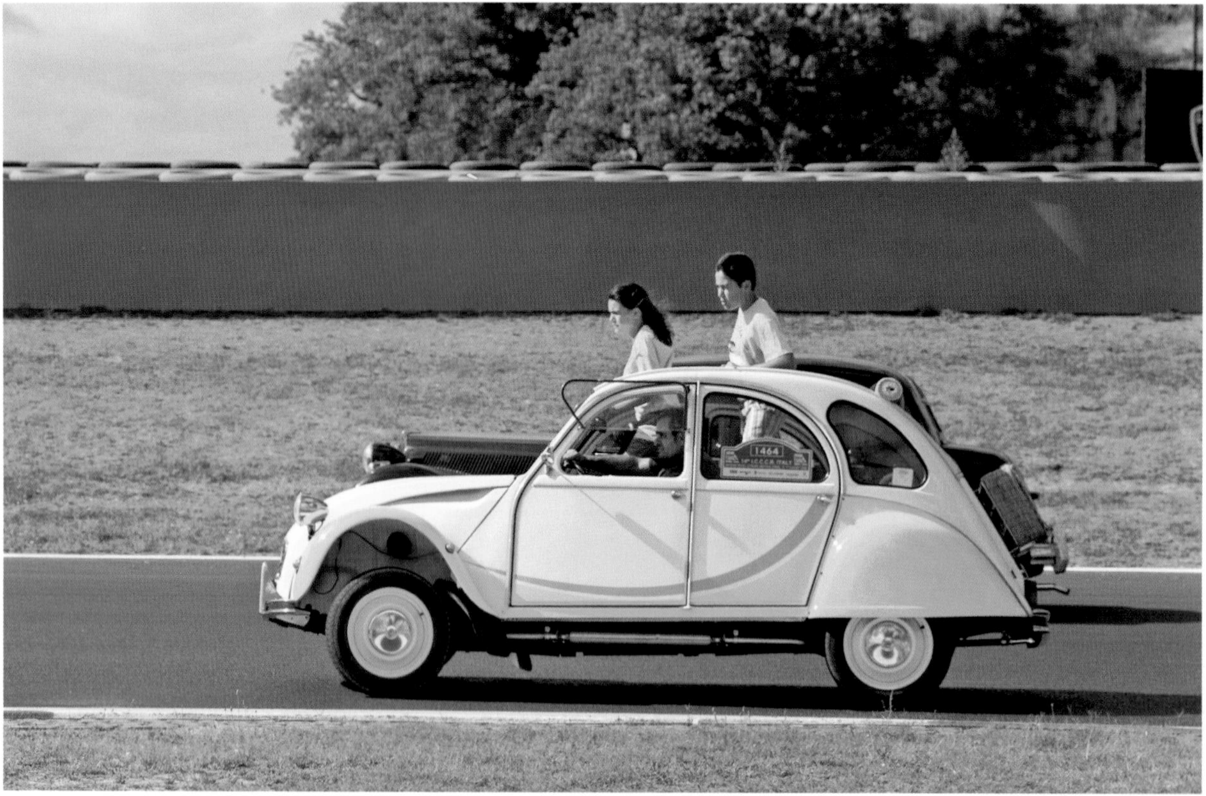
1464

2CV Charleston de 1985 : la plus célèbre des éditions limitées. Étant donné la demande considérable de l'édition limitée, elle devint courante.

2CV Charleston of 1985: the most famous of the special versions. Considering the large demand, from special version it became standard.

CITROËN ⌃ 2 CV 6 CHARLESTON

ment aux femmes, avec plusieurs combinaisons de couleurs, grise et blanche, grise et jaune ou grise et rouge, et à l'intérieur de tissu gris. Après la première vague de production de 3 000 véhicules, vendus en très peu de temps, un second lot de 2 000 véhicules fut lancé avec d'autres combinaisons de couleurs comme blanc et rouge, vert et blanc, jaune et bordeaux, et enfin jaune et bleu.

Pour fêter le succès de l'équipe française de football à la Coupe du Monde de 1986, Citroën lança la Cocorico, caractérisée par une carrosserie blanche, les panneaux latéraux avant bleus et arrière rouges ; 1 000 véhicules furent produits pour le marché français.

women with its two-tone bodywork in grey and white, grey and yellow and grey and red with grey cloth interior. Since the first batch of 3,000 was produced and sold in a very short period of time, a second production run of 2,000 cars was created with different variations of colours such as white and red, white and green, yellow and burgundy and yellow and blue.

To celebrate the taking part of the French National football team in the 1986 World Cup, Citroën launched the Cocorico with its white main body, front blue side panels and red panels at the rear: 1,000 cars were produced for the French market.

La dernière « série limitée » produite fut la Perrier, en 1988, dédicacée à l'eau minérale française du même nom. De couleur blanche avec un toit et un intérieur verts, elle était équipée d'un mini réfrigérateur pouvant contenir jusqu'à 6 bouteilles et le coffre affichait la marque Perrier. 1 000 véhicules furent produits pour n'être commercialisés qu'en Belgique et au Luxembourg.

En 1988, la fabrication de la 2CV fut délocalisée au Portugal jusqu'au 27 juillet 1990, date de l'arrêt de la production. De 1948 à 1990, 3 868 634 véhicules furent produits, auxquels il faut ajouter les

The last 'special' to be produced was the Perrier in 1988, dedicated to the French mineral water.
It had a white body, green hood and a green interior, it was equipped with a mini-fridge with a capacity to hold 6 bottles and the boot bore the Perrier brand name – 1,000 cars were made and the Perrier was dedicated only to Belgium and Luxembourg.
In 1988, the manufacture of the 2CV was moved from France to Portugal until 27th July 1990 when it ceased production. Total production from 1948 to 1990 amounted to 3,868,634 cars, and if you add 1,246,335 Fourgonnette, the total sum of 5,114,940 cars was produced.

La dernière 2CV a été produite le 27 juillet 1990 dans une usine portugaise, où la production avait été délocalisée.

The last 2CV came out of the Portuguese factory, where production had been moved, on 27 July 1990.

1 246 335 Fourgonnettes, ce qui donne une production totale de 5 114 940 voitures. Presque 20 ans après ce jour fatal, la 2CV a conservé son propre charme et sa personnalité, qui en font un véhicule unique et sans égal, même comparé à la nouvelle génération de véhicules, notamment grâce au grand nombre de fans qui rêvent d'embrasser le monde. La 2CV a traversé les époques librement et sans vieillir et continue de porter les idéaux de nos vies : la liberté et la joie de vivre.

Despite almost 20 years after that fateful day, the 2CV still maintains its own charm and personality, one that makes it unique and unparalleled, even in relation to the new generation of cars. This is thanks to the countless fans who make it come alive again with their love all over the world.
It has freely crossed the eras of time without ageing and still continues to carry the ideals of our lives: freedom and joy of living.

LES AVENTURES DE LA 2 CV.

Après parachutage, le Capitaine Haddock constate l'excellent état de la 2 CV.

Les prisonniers reconnaissent le bruit familier de la 2 CV et, pour les libérer, le Capitaine Haddock trouve un autre usage à la manive

La 2 CV passe là où les autres s'embourbent et "se régale" dans les virages serrés...

LA 2 CV, L'UNIQUE, N'EST PAS SEUL

La 2 CV, c'est la voiture qui défie le temps, les conventions et les modes.

C'est une berline, quatre portes, qui offre beaucoup de place pour 4 personnes. Sa conception robuste et simple apporte la sécurité, la facilité de conduite ainsi que le confort d'une suspension originale. Pour toutes ces raisons, la 2 CV s'est imposée.

Grâce à sa traction avant et sa suspension unique en son genre, les roues s'accrochent à tous les revêtements et dans toutes les conditions, rendant la 2 CV particulièrement sûre par mauvai temps.

Sur les longues distances, vou pouvez voyager agréablement pendant des heures, la spacieus

PAS D'EAU, PAS DE COURROIE DE VENTILATEUR, BESOIN DE RIEN !

Pas de durite, pas d'antigel, le moteur refroidi par air n'a pas d'eau qui puisse chauffer ou geler, ce qui diminue le risque de pannes.

Le moteur flat twin d'une grande simplicité mécanique est parfaitement équilibré.

Même à sa vitesse maximum, le moteur de la 2 CV ne fatigue pas, d'où la réputation d'endurance de cette voiture.

Une autre réputation : celle de sa suspension unique et ingénieuse qui offre un niveau de confort inégalé, même sur mauvais chemins.

Les freins avant à disque sont montés en sortie de boîte, une disposition originale qui réduit le poids non suspendu et améliore encore la tenue de route. Ils demandent peu d'entretien et leur position permet le changement des plaquettes sans démonter les roues.

132

STEREO
DPSL 10587

CLAUDIO
BAGLIONI
gira che ti rigira amore bello

Pages précédentes : brochure commerciale française
de 1985 de la 2CV Tintin.
À gauche : Couverture de Claudio Baglioni LP
Gira che ti rigira amore bello (1973),
où le chanteur-compositeur apparaît avec sa 2 CV Camilla.

Previous pages: *French sale brochure of 1985,
where the comic character Tin Tin was featured.*
Left: *Cover of Claudio Baglioni LP* Gira che ti rigira
amore bello *(1973), where the singer-songwriter
was featured with his 2CV Camilla.*

LA DYANE, UN MYTHE DÉRIVÉ DE LA 2CV
THE DYANE: A MYTH DERIVED FROM THE 2CV

770 AEK 75

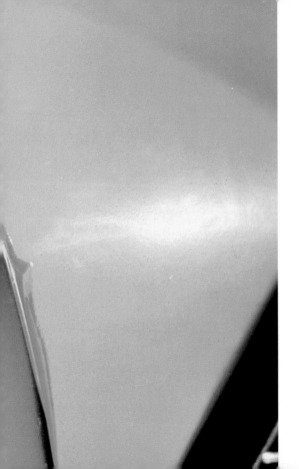

Un chapitre mérite une mention particulière à la petite sœur de la 2CV, la Dyane.

Bien qu'elle n'ait pas rencontré le même succès commercial que la 2CV, la Dyane est devenue un vrai symbole d'une époque et d'un style de vie.

À l'origine, la Dyane devait remplacer la 2CV. En effet, en 1964, suite au décès Flaminio Bertoni, Robert Opron, son successeur chez Citroën, décida de remplacer le style ancien. Cette année-là fut la pire pour l'entreprise française puisque ses ventes de 2CV chutèrent avec l'arrivée d'un autre phénomène dans l'industrie automobile, la Renault R4.

Afin de surmonter la crise, Robert Opron décida de

One chapter should be reserved for a special mention of the younger sister of the 2CV, the Dyane. Despite its failure to achieve the same commercial success as the 2CV, the Dyane has become a true symbol of an era and a style of life.

Initially the Dyane was intended to take over from the 2CV, also because 1964 was the year in which Flaminio Bertoni died and was replaced at Citroën Style Centre by Robert Opron.

1964 was the worst year for the French company as it saw sales of the 2CV collapse with the arrival of yet another great legion in the car manufacturing industry – the Renault R4.

citroën ami6

L'Ami 6 fut produite par Citroën de 1961 à 1969
et ce fut la dernière création de Flaminio Bertoni.
À droite : une Ami 6 à une exposition consacrée à Flaminio Bertoni,
organisée à Lodi (Italie) en 2008 (avril - mai).

The Ami 6 was produced by Citroën from 1961 to 1969
and it was the last creation of Flaminio Bertoni.
Right: an Ami 6 at the exhibition devoted to Flaminio Bertoni
which took place in Lodi (Italy) in 2008 (April – May).

créer une nouvelle voiture en se basant sur la 2CV Citroën mais avec un design plus moderne, une fusion entre la 2CV et l'Ami6 (le dernier véhicule dessiné par Bertoni).

Le centre de conception de Citroën était cependant surchargé de travail et devait déjà relooker l'Ami6. C'est pourquoi Pierre Bercot, Directeur général de Citroën en 1965, décida, pour créer la nouvelle voiture, d'externaliser la tâche dans le centre de conception de Panhard et Levassor, qui venait tout juste d'être acheté par Citroën.

L'objectif était clair : la Dyane devait concurrencer la Renault 4, être équipée d'un coffre et d'une puissance de 2 chevaux. Afin d'optimiser la rentabilité du nouveau véhicule, les pièces de la 2CV et de l'Ami6 devaient être réutilisées, ainsi que la chaîne de montage de la 2CV.

Les travaux de Panhard ne remplirent cependant pas les conditions de l'entreprise puisque le nouveau véhicule ressemblait de trop près à l'Ami6. Jacques Charreton, de Citroën, reprit donc le travail et créa le « bec » caractéristique et le célèbre arrière de la Dyane. Les portes furent spécifiquement conçues pour être concaves afin de réduire le bruit à l'intérieur du véhicule et économiser sur les matériaux d'insonorisation. Charreton aurait souhaité des phares carrés mais cette caractéristique s'avéra trop

In order to overcome the crisis Citroën decided to create a new car based on the 2CV but with a more modern design, this was a merger between the 2CV and the Ami6 (the last car designed by Bertoni).

The design centre at Citroën was however overloaded with work, because it was already committed to the restyling of the Ami6, and it was for this reason that Pierre Berçot, the Managing Director of Citroën in 1965, entrusted the task of designing the new car outside of the company, at the Panhard & Levassor design centre which had just recently been acquired by Citroën.

The objective was clear, the Dyane must compete with the Renault 4, have a boot and the power of 2 horses. In addition, to maximise cost effectiveness of the new car it was necessary to reuse the pieces of the 2CV and the Ami6, whilst using the same assembly line as the 2CV.

The Panhard designs however did not meet the companies' requirements as the new car looked too similar to the Ami6 so the design was taken over by Jacques Charreton, from Citroën, who created the characteristic 'snout' and the famous rear of the Dyane. The doors were specifically designed to be concave to reduce the noise inside the car and save money on soundproofing materials. Charreton would have liked square headlights, but

coûteuse. Chaque phare rond fut donc placé dans un boîtier en chrome carré. Le tableau de bord fut conçu par Henry Dargent puis réutilisé par la suite sur l'Ami8. La Citroën Dyane vit alors le jour, une synergie créée de la 2CV avec des lignes plus droites et modernes.

Le nom « Dyane » est à l'origine purement économique : Panhard avait breveté les noms commençant par les lettres "Dy", dont "Dyane", un nom choisi par Citroën pour sa référence à la déesse mythologique Diana, déesse des bois, garde des forêts et protectrice de la femme. La Dyane, tout comme la 2CV, devait répondre au besoin de liberté et d'indépendance, en se concentrant davantage sur les femmes.

this proved too expensive so the two round lights ware placed in square chrome holders.
The dashboard was designed by Henry Dargent and was later reused in the Ami8. Thus the Dyane was born, synergy created from the 2CV with more straight and modern body lines.
The origin of the name "Dyane" is related purely to an economic decision as Panhard had patented all names starting with the letters "Dy", including "Dyane", a name which was chosen by Citroën also for its reference to the mythological goddess Diana the lady of the woods, the guardian of the

En 1968, à l'occasion
du lancement de la Dyane 6,
Citroën publia une bande
dessinée de Michel Quarez.
En 2008, pour commémorer
le 40ème anniversaire de la Dyane,
la brochure fut récupérée,
restaurée et traduite
en Italien par le « Centro
Documentazione Storica
Citroën Italia ».

*In 1968, on occasion
of the launch of the Dyane 6,
Citroën published a comic story
by Michel Quarez.
In 2008, to commemorate
the Dyane's 40 year
anniversary, the brochure
was retrieved, restored
and translated into Italian
by the Centro Documentazione
Storica Citroën in Italy.*

145

La ligne de la Dyane était plus moderne par rapport à celle de la 2CV. Les phares n'étaient plus saillants mais intégrés dans les ailes dans un support carré.

The line of Dyane was more modern compared to the one of the 2CV. The front headlights were no longer protruding, but embedded in the wings in a square-shaped seating.

14

La présentation officielle eut lieu le 28 août 1967 lors du Salon de l'automobile de Paris, et le véhicule entra sur le marché cette même année. Malgré son succès commercial (elle fut produite pendant presque 17 ans, jusqu'en 1984), elle ne pourrait jamais vraiment remplacer la 2CV, dont la production se poursuivit 6 ans de plus que sa petite « sœur ». La Dyane était le premier modèle à posséder un moteur 425 cm³ et 21 chevaux, différent de celui de la 2CV. Deux versions étaient : la version Luxe (avec des sièges similaires à ceux de la 2CV, un volant en acier et un pneu de secours sur le coffre) et la version Confort. Débutant en 1968, deux modèles différents furent proposés : la Dyane 4 et la Dyane 6.

forests and protector of women. Dyane again, like the 2CV, was to meet the need for freedom and independence, but focusing more on women.
The official presentation took place on 28 August 1967 at the Paris Motor Show, the year the car was put on the market. Despite its commercial success (it was produced for almost 17 years, until 1984) it could never really replace the 2CV, whose production continued for 6 years longer than her youngest 'sister'. The first Dyane featured a 425 cc engine and 21 hp, a gearbox similar to that of the 2CV and was available in two versions; Luxe (with

Hei aquí un coche para los que no quieran problemas de coche. Es duro como el solo. Va donde se le mande. Sólo necesita una parada cada 400 kms para repostar. Es ahorrativo hasta la exageración (6.1 litros a los 100). No le asustan las curvas. Ni secas, ni mojadas, ni heladas, ni arenosas. Su tracción delantera unida a la suspensión a interacción en un seguro de estabilidad. Nada de este mundo le altera. Ni las carreteras ni las crisis económicas. No se calienta por nada. Va refrigerado por aire. Por no pedir, no pide ni agua. Y es todo descapotable. Para que le entre el aire y el sol y la alegría de la vida.

Luego, dentro, se va bien. Los asientos son mullidos y la distribución de cada cosa completamente racional. El Dyane 6 es un coche para gente inteligente. O sea, encantadora.

CITROËN ⋀ DYANE 6
Para gente encantadora.

FICHA TECNICA.
Motor.
4 tiempos, cilindrada. 602 cc (diámetro. 74. recorrido. 70). Dos cilindros horizontales opuestos.
Refrigeración.
Por aire, con radiador de aceite.
Potencia.
35 CV SAE a 5.550 r.p.m.
Potencia fiscal. 4.91 CV.
Par motor. 4.7 kg.m SAE a 3.500 r.p.m.
Caja de velocidades sincronizada.
4 velocidades hacia adelante y una atrás.
Transmisión.
Ruedas delanteras motrices (tracción delantera) Juntas homocinéticas dobles. Grupo cónico. 8x31. Embrague monodisco en seco.
Suspensión.
Resortes helicoidales de interacción longitudinal. Ruedas independientes. Dos batidores de inercia. Dos amortiguadores hidráulicos traseros y dos de fricción delanteras.
Frenos.
Hidráulicos, tambores traseros y delanteros en salida de diferencial. Superficie de frenado. 576 cm².
Dirección.
De cremallera (diámetro de giro entre aceras. 11.40 m.).
Electricidad.
Equipo de 12 V (alternador de 336 W) Batería. 25 Amp/h. Faros regulables en altura desde el interior.

Chasis.
Plataforma con largueros incorporados.
Carrocería.
Cinco puertas (portilón trasero con disposiciones de apertura) Techo descapotable (dos posiciones).
Neumáticos.
135-380. Rueda de repuesto bajo el capot.
Velocidad máxima.
120 km/h.
Consumo.
6.1 litros cada 100 km. normas DIN.
Capacidades.
Gasolina. 25 litros. Aceite motor. 2.5 litros. Aceite de caja de cambios. 0.9 litros.
Opciones.
Embrague centrífugo. Techo rígido. Asientos tela. Pintura metalizada.
Capacidad del maletero.
280 dm³.
Peso.
622 kg.
Dimensiones.
3.90 m de largo. 1.50 m de ancho y 1.54 m de alto.

Citroën se reserva el derecho de modificar. sin previo aviso. sus modelos.

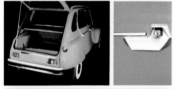

La D6, plus tard rebaptisée Dyane 6, était la plus puissante, équipée d'un moteur 602 cm³, tandis que la Dyane 4 possédait un moteur 435 cm³.

En 1969, la Dyane au moteur de 425 cm³ disparut et seules deux versions subsistèrent : la Dyane 4 et la Dyane 6, auxquelles une troisième fenêtre latérale fut ajoutée. En 1972, la calandre en acier inoxydable fut remplacée sur les deux modèles par une calandre en plastique. La Dyane fut produite jusqu'en 1975 et la Dyane 6 jusqu'en 1983. En 1978, en remplacement de la 2CV Fourgonnette dont la production avait cessé, arriva l'Acadiane, une version fourgonnette de la Dyane.

seats similar to those of the 2CV, iron steering wheel and a spare tyre in the boot) and the Comfort. Starting in 1968, there were two different models: Dyane 4 and the Dyane 6.
The most powerful version was the D6 (602 cc engine) later called Dyane 6, while the Dyane 4 had a 435 cc engine. In 1969, the Dyane with its 425 cc engine disappeared and there remained only the two versions, the Dyane 4 and 6, which they added a third side window to. However, in 1972 on both models, the stainless steel grille was replaced with a plastic one. The production of the Dyane 4 continued until 1975 and the Dyane 6

151

153

Ci-dessus : intérieur de la Dyane de 1975.
À droite : Dyane de 1968.
Afin de réduire le bruit à l'intérieur du véhicule et d'économiser
les matériaux d'insonorisation, la tôle concave était utilisée
sur les côtés et les portes.

Above: *the interior of the Dyane of 1975.*
Next page: *Dyane of 1968.*
In order to reduce the noise inside the driver and passenger
compartment and save on soundproofing materials,
concave sheet metals were used for the sides and the doors.

2 CV
DYANE 6
MEHARI

CITROËN

L'Acadiane remporta un grand succès auprès des commerçants et des ouvriers. L'arrière du véhicule était inspiré de la Fourgonnette, tandis que le corps reprenait celui de la Dyane berline. Elle pouvait transporter jusqu'à 480 kg et sa vitesse maximale était de 100 km/heure. L'Acadiane fut produite jusqu'en 1987. La Dyane connut diverses éditions limitées, dont les plus célèbres sont sans aucun doute la Caban, la Capra et l'Edelweiss.

La Caban, limitée à une production de 1500 véhicules, fut commercialisée jusqu'en 1977. Conçue par Serge Gevin, elle fut produite en Belgique dans la ville de Forest. Le moteur reprenait celui de la Dyane

until 1983. In 1978, the Acadiane arrived, a van version of the Dyane replacing the 2CV Fourgonnette which was now out of production. It received great success from merchants and other professional tradesmen. The back of the car took its design from the Fourgonnette, while the body was that of the earlier Dyane saloon, its maximum load capacity was 480 kg and the speed was 100 km per hour. The Acadiane was produced until 1987. The Dyane enjoyed a wide range of special editions; among the most successful were undoubtedly the Caban, the Capra and the Edelweiss.

De 2CV, de Dyane en de Méhari zijn ieder op hun eigen manier ervaren.

Ze hebben ervaring opgedaan op alle mogelijke en onmogelijke wegen ter wereld. Hun luchtgekoelde motoren zijn even eenvoudig als doelmatig. Hun vering is buitengewoon soepel, zodat ze vrij zijn in hun bewegingen. Ze kunnen gaan en staan waar ze willen.

En hun carrosserieën zijn tijdloos, functioneel en karakteristiek. Het zijn wagens met een eigen gezicht. Praktische wagens die veel geven en weinig vragen. U kunt ze dan ook overal tegenkomen. Ze redden het overal. Altijd. En ze geven plezier. Ongecompliceerd rijgenot. Voor ongecompliceerde mensen. Die op de meest praktische manier daar willen komen waar ze wezen moeten.

DYANE 6

De Dyane 6 houdt net als zijn neefje, de 2CV, van avontuur, maar hij is wat pittiger en misschien een beetje meer compleet. Zo heeft hij o.a. schijfremmen vóór. Zoals altijd is hij verkrijgbaar in fraaie kleuren. De Dyane heeft in de voorportieren schuiframen en het dak, dat in twee standen open kan, is ideaal bij mooi weer.

De voorbank van de Dyane is verstelbaar. Naar keuze kan de Dyane ook geleverd worden met twee aparte, verschuifbare stoelen. De voornaamste bedieningsorganen liggen direct onder handbereik en zijn rond het zacht beklede stuurwiel gegroepeerd. Grote bergvakken zijn aangebracht in de voorportieren.

De kofferruimte is met de vijfde deur gemakkelijk bereikbaar. En er wordt geen onnodige ruimte ingenomen door het reservewiel, dat onder de motorkap is geplaatst. De achterbank bij de Dyane Commerciale kan worden neergeklapt zodat er een vlakke laadvloer ontstaat, waardoor de Dyane als het ware in een bestelwagen kan worden veranderd zonder dat dit afbreuk doet aan de elegance.

À gauche et pages précédentes : édition néerlandaise de 1979 d'une brochure commerciale sur la 2CV, la Dyane 6 et la Méhari.

Left and previous pages: *1979 Dutch edition of a sale brochure about 2CV, Dyane 6 and Méhari.*

L'Acadiane remplaça la 2CV Fourgonnette dont la production fut stoppée en 1978. La charge maximale et la vitesse étaient de 480 kg et 100km/heure. Elle fut produite jusqu'en 1987.

The Acadiane had replaced the 2CV Fourgonnette that went out of production in 1978. Maximum load and speed were 480 kg and 100 km per hour. It was produced until 1987.

6 (602 cm³ et 32 chevaux) et la seule couleur disponible était le bleu avec des garnitures blanches (représentant un caban) sur les côtés, le capot et les portes. Le toit était blanc et l'intérieur blanc et bleu foncé. Sur le capot, un symbole faisait référence la mer.
Citroën produisit 600 modèles Capra jusqu'en 1981, réservés au marché espagnol. Ce modèle se caractérisait par une carrosserie jaune mimosas, un toit décapotable noir, un intérieur noir et blanc en tissu et le moteur de la Dyane 6 (602 cm³ et 32 chevaux).
L'Edelweiss, une autre gamme réservée au marché espagnol, fut produite en 750 exemplaires jusqu'en 1981. La seule couleur disponible était le bleu mé-

The Caban, which was limited to a production of 1,500 cars and was marketed until 1977, was designed by Serge Gevin and produced in Belgium, in the town of Forest. The engine was from the Dyane 6 (602 cc and 32 hp), and the only colour available was blue with white decoration on the side panels, the bonnet and the doors. The roof was white and the interior reflected a two-colour print in white and dark blue.
Citroën produced 600 cars in the Capra range until 1981 and they were reserved for the Spanish market. This models main feature was the two-toned bodywork of yellow with a black rollover roof.

ACADIANE

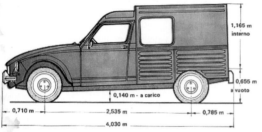

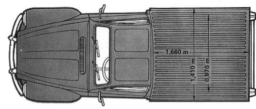

tallique avec un toit décapotable noir et des cercles gris métal. L'intérieur en tissu bleu était équipé de fenêtres arrière coulissantes et le moteur, une fois de plus, était celui de la Dyane 6 (602 cm³ et 32 chevaux).

The interiors were in black and white fabric and the engine was still the Dyane 6 (602 cc and 32 hp).
The Edelweiss, another exclusive range for the Spanish market, produced 750 cars until 1981. The only colour available was metallic blue, with a black rollover roof with circles in metal grey. The interiors were in blue fabric, with sliding rear windows and the engine was once again from the Dyane 6 (602 cc and 32 hp).

Ci-dessus: la production de l'Acadiane avait lieu à Vigo, en Espagne, où la voiture avait été commercialisée avec le nom "Dyane 400", alors que la version 4 places avait été appelée "Mixta".

Above: *the Acadiane was produced in Vigo – in Spain, where it was put on the market as Dyane 400, and Mixta for the 4-seats version.*

À gauche : Dyane Caban de 1977.
Ci-dessus : modèle Côte d'Azur de 1980.

Left: *Dyane Caban of 1977.*
Above: *model Côte d'Azur of 1980.*

LA MÉHARI
THE MÉHARI

En 1967, le Français Roland de la Poype, propriétaire d'une usine de matière synthétique, conçut une carrosserie modulaire à appliquer au châssis déjà existant ; une telle solution fut expérimentée avec succès sur le châssis nu de la 2CV Fourgonnette. J-L. Barrault définit le design et conçut une carrosserie en plastique coloré. C'est ainsi qu'est né le pick-up avec un pare-brise repliable, représentant un nouveau type de voiture, idéal pour le loisir. Le prototype fut présenté à Citroën et immédiatement adopté par son Président Pierre Bercot qui décida de lancer la production. Le nom « Méhari », une race de dromadaires, convenait parfaitement pour souligner et

In 1967, the French Roland de la Poype, the owner of a factory producing synthetic material, designed a modular bodywork to be applied to the already existing chassis; such solution was successfully experimented on the bare chassis of the 2CV Fourgonnette. Jean-Louis Barrault defined the design and worked out the project for a bodywork in coloured plastic. Thus the convertible pick up with a folding windscreen was born; it represented a new type of car that was particularly suitable for leisure. The prototype was presented to Citroën and it was immediately approved by its President Pierre Berçot who decided to put it into production.

La Méhari devint le symbole d'une élite
puisque c'était une voiture de vacances.
La carrosserie en plastique avait tendance
à décolorer au soleil mais ne rouillait pas
à l'eau de mer.

The Méhari became the symbol
of an élite as it was the holiday car.
The plastic bodywork used to fade
in the sun, but it wouldn't rust
if exposed to sea salt.

transmettre l'idée de liberté, d'endurance et de fiabilité du véhicule. Le châssis et les pièces mécaniques provenaient de la 2CV et le moteur de la Dyane (602 cm³ et 33 chevaux). La carrosserie, en plastique et donc très légère, était fixée au châssis en tubes d'acier inoxydable ; les portes et le toit étaient en toile. La Méhari se caractérisait par une boîte à quatre vitesses et trois couleurs : rouge, beige et vert. Il en résulta un véhicule spartiate à quatre sièges qui, depuis sa présentation officielle au Salon de l'automobile de Paris de 1968, rencontra un succès incroyable. L'année suivante, les portes en toile furent en partie fabriquée en plastique et les indicateurs

The name "Méhari", a breed of dromedaries, was ideal to emphasise and communicate the idea of freedom, of endurance, and reliability that the car should convey. Chassis and mechanics were those of the 2CV, whereas the engine was the one of the Dyane (602 cc, 32 hp). The bodywork, which was in plastic and therefore extremely light, was fixed onto the chassis in stainless steel tubes; doors and soft top were made out of canvas; it featured a four-speed gearbox and the standard colours were only three: red, beige, and green. The result was a particularly Spartan four-seater car which, from its official presentation at the Paris

MEHARI

De Méhari is de meest vrijgevochten van de drie. Zo een die je overal tegenkomt, in en buiten de stad, op hobbelige wegen en op de snelweg. Overal voelt hij zich op zijn gemak.

Er zijn twee Méhari's: één met 2 x 2 zitplaatsen, waarvan de achterbank geheel kan worden neergeklapt en een besteluitvoering met twee zitplaatsen.

De carrosserie is gemaakt van kunststof, ABS, dat door en door gekleurd en krasvast is. Modder en stoffige klusjes verontrusten hem niet. Van binnen en van buiten kan hij schoongespoten worden. En er is altijd wel een reden om het dak open te maken of helemaal af te nemen: voor een buitengewone lading of buitengewoon mooi weer.

Door z'n vering en z'n grote wielen is hij opgewassen tegen slechte wegen en kunnen breekbare voorwerpen gemakkelijk vervoerd worden. De Méhari heeft een nieuw instrumentenpaneel gekregen en – wat meer is – een krachtiger motor met een dubbelpoorts carburateur, die een vermogen geeft van 21 kW ISO bij 5750 omwentelingen per minuut (29 pk DIN).

TECHNISCHE GEGEVENS	MEHARI
Motor	
Aantal cilinders	2 boxer
Cilinderinhoud in cm³	602
Boring x slag in mm	74 x 70
Compressieverhouding	8.5 :1
Max. vermogen	
ISO in kW	21
(DIN in pk)	(29)
bij tpm	5750
Max. koppel	
ISO in Nm	3,8
(DIN in mkg)	(4,0)
bij tpm	3500
Koeling	lucht
Overbrenging	
Versnellingsbak	mechanische bediening
Aantal versnellingen	4 vooruit + achteruit
Pignon en kroonwiel	8 x 31
Koppeling	Enkelvoudige droge plaat
Besturing	
Type	tandheugel
Aantal omwentelingen stuurwiel van aanslag tot aanslag	3,25
Draaicirkelstraal tussen trottoirs in m	5,30
Draaicirkelstraal tussen muren in m	5,50
Remmen	voor: schijven naast de versnellingsbak
	achter: tromrels in de wielen
	onafhankelijke hydraulische circuits voor en achter
Ophanging	4 onafhankelijke wielen – hydraulische schokbrekers
	vering voor en achter met hydraulische schroefveren
	Banden 135 –15X
Elektrische uitrusting	
Accu	12V 12S 25Ah
Wisselstroomdynamo	390W 28A
Afmetingen	
Aantal zitplaatsen	2 + 2 (bestaat eveneens in 2 zits versie)
Inhoud van de bagageruimte in dm³ (neerklapbare achterbank)	2010
Gewichten (in kg)	
Rijklaar gewicht (exclusief bestuurder)	555
Totaal beladen gewicht	935
Nuttige belading	380
Max.aanhanggewicht zonder/met rem	270/400
Verbruiken (l per .... km)	
Bij 90 km/h gestabiliseerde snelheid	14,4
Bij stadstraject	13,3
Inhoud benzinetank	25 liter
Prestaties (halfbeladen)	

A : leng
B : belast
D : bewolkte bovenzijde portieren
G : vloerhoogte
H : kleppenring

UITRUSTING	MEHARI
☐ serie ☐ extra	
Uitrusting van het instrumentenpaneel	
Laadstroomindicator	
Elektrische benzinestandmeter	
Remvloeistofpeilcontrolelicht met testknop	
Stadslichtcontrolelicht	
Grootlichtcontrolelicht	
Oliogteurcontrolelicht	
Motoroledrukcontrolelicht	
Uitrusting voor het rijden	
Elektrische ruitewisser	
Elektrische ruitesproeier	
Neerklapbare voorruit	
In hoogte verstelbare koplampen	
Kinderbeveiliging op handremn	
Uitrusting voor het comfort	
Verdraaibare zijventilatieopeningen:	
Neerklapbare achterbank (uitslabaar op het model 2 + 2)	
Afsluitbaar handschoenenkastje	
Complete kap met deurtjes	
Tweepunts veiligheidsgordels voor	
Asbak voor	
Geschelden voorstoelen met zwart kunstleer	
Bestuurdersstoel in lengte verstelbaar	

Méhari 4x4 de 1979, avec une boîte de 7 vitesses.
Elle ne dépassait pas 100km/heure
et en cas d'infiltration de la capote, l'eau s'écoulait
jusqu'au sol dans la cabine conducteur et passager
à travers des orifices prévus à cet effet.

*Méhari 4x4 of 1979, with seven-gear gearbox. It
didn't exceed 100 km/h and
in case of infiltration in the canvas soft top, the
water would drain in the driver and passenger
compartment through special holes on the floor.*

s'arrondirent. Parmi les versions vendues, certaines doivent être mentionnées comme la Méhari 4x4, adaptée aux routes accidentées et aux pistes tout terrain, équipée d'une boîte à sept vitesses (produite entre 1979 et 1983) et la Méhari Azur, blanche au toit bleu, sortie en 1983. Une version limitée, la Méhari Armée, fut spécialement conçue pour l'Armée française, en raison de sa légèreté et de sa souplesse qui permettait de la conduire sur des sols irréguliers. La production de la Méhari s'arrêta le 30 juin 1987 avec 144 950 véhicules fabriqués.

Motor Show in 1968, was met with an incredible success. In 1969 the canvas doors were produced partially in plastic and the indicators became round in shape. Among the sold versions, it is worth mentioning the Méhari 4x4, suitable for bumpy roads and off-road tracks, with a seven-gear gearbox (produced between 1979 and 1983) and the Méhari Azur, white with blue soft top, which came out in 1983. The Méhari Armée was designed for the French Army, thanks to the lightness and the versatility that made it suitable for driving and transports on uneven ground. The Méhari was produced until 30 June 1987 with 144,950 units.

UNE PASSION CONTAGIEUSE - Le Club Citroën 2 CV et Dérivés
AN INFECTIOUS PASSION - Citroën 2CV and Spin-offs Club

L'association internationale du « Club Citroën 2CV e Derivate » (Citroën 2CV et Dérivés) s'installa à Beinette (Coni – Italie) en 1991, l'année après l'arrêt de la production du véhicule, avec pour objectif de rassembler tous les passionnés de Citroën 2CV d'Italie. L'association s'est ensuite développée et organise des rallyes et autres événements. Elle peut compter sur la contribution de ses près de 3 500 membres qu'elle a gagnés sur plus de 17 ans. Elle compte aujourd'hui 16 500 membres, et avec le magazine La Lumaca di Latta et le site Internet www.2cvclubitalia.com et un forum actif, elle représente un acteur clé en Italie pour quiconque souhaiterait découvrir l'histoire et le monde de la 2CV. En 2003, le Club a organisé la 15ème Rencontre mondiale des amis de la 2CV à Vinadio (Coni), le célèbre rallye de 2CV organisé tous les 2 ans dans un pays différent. Près de 10 000 personnes ont participé à l'événement en 2003, qui a regroupé 3 500 2CV.

Franco Grosso
Président du Club Citroën 2 CV e Derivate

The international association Club Citroën 2CV e Derivate (Citroën 2CV and Spin-offs Club) was set up in Beinette (CN - Italy) in 1991, the year after the car went out of production, with the aim of gathering all of Italy's Citroën 2CV enthusiasts. Since then the association has grown, organising rallies and other events and being able to rely on the contributions of around 3,500 members over 17 years. It has 1,655 members, and with the magazine *La Lumaca di Latta,* the website *www.2cvclubitalia.com* and an active forum, it represents a key player in Italy for anyone wishing to explore the history and world of the 2CV. In 2003 it organized the *15th International Meeting of 2CV Friends*, in Vinadio (CN), the world famous 2CV rally which is held in a different country every two years. The 2003 event was attended by around 10,000 people and 3,500 2CVs.

Franco Grosso
Chairman of the Club Citroën 2CV e Derivate

Rencontres mondiales des amis de la 2CV

1975 Finlande	1993 Finlande
1977 Suisse	1995 Slovénie
1979 Danemark	1997 Pays-Bas
1981 Belgique	1999 Grèce
1983 Allemagne	2001 Autriche
1985 Grande-Bretagne	2003 Italie
1987 Portugal	2005 Écosse
1989 France	2007 Suède
1991 Suisse	2009 République tchèque

La prochaine édition, en 2011, aura lieu en France.

Autres rallyes importants
- La Rencontre Nationale des 2CV Clubs de France se tient tous les ans au mois de mai en France, à chaque fois sur un site différent.
- Eurocitro est organisé tous les trois ans au mois d'août, sur le circuit du Mans, en France.

The International Meetings of 2CV Friends

1975 Finland	*1993 Finland*
1977 Switzerland	*1995 Slovenia*
1979 Denmark	*1997 Holland*
1981 Belgium	*1999 Greece*
1983 Germany	*2001 Austria*
1985 Great Britain	*2003 Italy*
1987 Portugal	*2005 Scotland*
1989 France	*2007 Sweden*
1991 Switzerland	*2009 Czech Republic*

The next edition will take place in France in 2011.

Other important rallies
- *The* Rencontre Nationale des 2CV Clubs de France *is held in May every year, in a different place in France.*
- Eurocitro, *an event held every three years, in August, on the Le Mans race track in France.*

183

Donato Nappo est né à Salernes en 1970. Il est diplômé en architecture de l'école polytechnique de Milan puis s'est spécialisé en design industriel à l'Université de Florence. Il est designer dans l'industrie automobile depuis des années.

Stefania Vairelli est née à Alexandrie en 1975. Diplômée en littérature moderne, avec une spécialisation en art/histoire de l'Université de Pavie, elle travaille dans le domaine du design et de la communication.

Donato Nappo was born in Salerno in 1970. He graduated from Milan Politecnico with a degree in architecture and then specialized in industrial design at Florence University. He has been working as a professional designer in the car industry for years.

Stefania Vairelli was born in Alessandria in 1975. She has a degree in modern literature, with a historic/artistic specialization, from Pavia University. She works in the field of design and communication.

Together they wrote the book Veicoli a Motore, storia e design dal 1886 ai giorni nostri, *published by Gribaudo in 2006.*